# DEINE BESTEN ALLTAGSREZEPTE

- Helena Schwabenland-

# Wichtige Hinweise

Alle Rezepte in diesem Buch wurden für den Thermomix® TM5® entwickelt und mit diesem getestet. Bitte beachte folgendes: Der Mixtopf des Thermomix® TM5® ist größer als der des TM31 (Kapazität von 2,2 Litern anstatt 2,0 Liter beim TM31).

Daher dürfen aus Sicherheitsgründen die Rezepte aus diesem Buch nur dann mit dem TM31 nachgekocht werden, wenn die Mengen entsprechend angepasst werden. ThermoTasty steht in keinerlei Verbindung zu den Unternehmen der Vorwerk-Gruppe. Die Marke "Thermomix®" und die Produktgestaltungen des "Thermomix®" sind eingetragene Marken der Unternehmen der Vorwerk-Gruppe.

Für mögliche Schäden, die bei der Zubereitung an Küchengeräten oder Personen aufgrund der Zubereitung unserer Rezepte entstehen, übernehmen wir keine Haftung. Bitte beachte daher die jeweilige Bedienungsanleitung Deines Gerätes.

Einige Videos dienen nur zur Orientierung und zeigen ein ähnliches Gericht. Das schriftliche Rezept wurde von uns nachträglich angepasst.

Originalausgabe
2. Auflage 2017

Redaktion: Helena Schwabenland
Gestaltung/Satz: Alexander Schwabenland

Gedruckt in Deutschland

ISBN: 978-3-00-055803-0

Weitere Information findest Du unter www.thermotasty.de

# VORSTELLUNG

---

Ich möchte Dich noch einmal ganz herzlich Willkommen heißen bei der ThermoTasty Community. Irgendwie wurde aus meiner anfänglichen Idee ein regelrechter Selbstläufer! Ich bin sehr stolz, dass ich nun auf diese Art und Weise meine alltagstauglichen Rezepte mit Euch teilen darf.

Bist Du durch eines meiner beliebten Quick-Videos auf ThermoTasty gelandet? Dann freust Du Dich bestimmt zu hören, dass auch dieses Mal jedes einzelne Rezept in meinem Buch mit der passenden Videoanleitung verknüpft ist!

Wie immer wurden alle Kreationen von mir höchstpersönlich auf Tauglichkeit und „Lecker-Faktor" geprüft und in Form eines Do-it-yourself Video für Dich dokumentiert. Mein Lieblingswort, das ich in diesem Zusammenhang immer wieder gerne benutze, heißt „Gelinggarantie". Was ich kann, kannst Du auch! Wenn es bei mir lecker schmeckt und die Zubereitung super gelingt, dann wird das bei Dir garantiert auch nicht anders sein.

# DEINE BESTEN ALLTAGSREZEPTE

## Das Kochbuch mit ausgewählten Lieblingsrezepten für den **Thermomix®**

Was bekommst Du in diesem speziellen Buch so alles an leckeren Rezeptideen präsentiert? Lass es mich mal so sagen: Es wird süß und salzig! In diesem Buch habe ich für Dich meine ausgewählten Rezepte von Gebäck über All-in-One-Hauptspeisen sowie Desserts und super leckere Drinks preisgegeben! Alle meine Kreationen sind absolut alltagstauglich, benötigen keine exotischen Zutaten und können im Nu von Dir mit Deinem Thermomix® umgesetzt werden. Ich habe es wie immer sehr simpel mit der Zubereitung gehalten.

Dank meiner leicht verständlichen Schritt-für-Schritt-Anleitungen in den Videos wirst auch Du nichts weniger als ein tolles Endresultat genießen können. Bitte beachte an dieser Stelle, dass alle meine Rezepte für den Thermomix® TM5® ausgetüftelt und erprobt worden sind.

## Abkürzungen

| Pck. | Packung | kg | Kilogramm | EL | Esslöffel |
|------|---------|----|-----------|----|-----------|
| TK | Tiefkühlkost | g | Gramm | TL | Teelöffel |

# QUICK-VIDEOS

---

Schau mal bei jedem meiner Rezepte ganz genau hin. Dort findest Du nämlich passend zu jedem davon einen **QR-Code**. Hast Du bereits einen **QR Code Scanner** (aus dem Google Play Store) oder **QR Code Reader** (aus dem Apple Store) auf Deinem Smartphone installiert? Wunderbar! Dann kannst Du sofort mit dem Scannen meiner QR-Codes loslegen und gelangst so direkt zum passenden Video für das jeweilige Rezept! Ansonsten lade Dir eine beliebige **QR-Code App** auf Dein Smartphone und los geht es. (Link auf Seite 82)

Meine **Schritt-für-Schritt-Videos** sind wie immer kurz gehalten (unter einer Minute!) und erklären Dir auf simple Art und Weise, wie auch Du zu einem super leckeren Gericht kommst.

Wenn Du Dich gerne mit Gleichgesinnten austauschen möchtest und von kreativen Rezepten nicht genug bekommen kannst, dann ist meine **interne Facebook-Gruppe „ThermoTasty – Alltagsrezepte Club"** mit Sicherheit auch ein ganz heißer Tipp für Dich!

Lade Dir die
QR-Code App
herunter

Scanne den
QR-Code aus
dem Buch

Jetzt kannst
Du das Video
abspielen

# WER BIN ICH

———

Ich höre auf den schönen Namen Helena und bin glückliche Mutter und „Shopping-Queen" in einem. Besonders wichtig ist es für mich, möglichst viel Zeit mit meiner Familie und mit meinen Freunden zu verbringen. Der Thermomix® ist schon seit vielen Jahren ein guter Begleiter und noch besserer Helfer in der Küche.

Meine Rezepte sind der lebende Beweis dafür, dass selbst die kompliziertesten Rezepte auf einfache und anschauliche Art und Weise zubereitet werden können. Meine Rezeptvideos erklären Dir alle nötigen Schritte, um ein tolles Thermomix®- Gericht zaubern zu können!

Wenn Du mehr Informationen benötigst, dann besuche doch einfach meine Internetseite www.thermotasty.de oder trage Dich in meinen Newsletter direkt auf der Startseite ein.

Nun wünsche ich Dir viel Spaß beim Ausprobieren meiner Rezepte und einen guten Appetit!


Helena Schwabenland

# INHALT

## GEBÄCK

## HAUPTGERICHTE

# INHALT

## SNACKS

## KUCHEN & DESSERT

## GETRÄNKE

# GEBÄCK

---

# BUTTERMILCHBROT

Koch-/Backzeit
**65 Minuten**

Portionen
**1 Brotlaib**

Schwierigkeit
**leicht**

QR-Code - Video

## ZUTATEN:

500g Buttermilch
1 Würfel Hefe
1 TL Zucker
500g Mehl
1 TL Salz
125g Röstzwiebel
125g Sonnen-
blumenkerne

## ZUBEREITUNG:

1. Buttermilch, Hefe und Zucker in den Mixtopf geben und **2,5 Min./37°/Stufe 2**
2. Mehl, Salz, Röstzwiebel und Sonnenblumenkerne zugeben und **3,5 Min./Knetstufe**
3. Teig in eine leicht gefettete Form mit Deckel geben.
4. Backofen auf **200°C (Ober-/Unterhitze)** vorheizen und ca. **60 Min. backen - nach 30 Min**. das Brot ohne Deckel weiterbacken.

# MÜSLIBRÖTCHEN

**Koch-/Backzeit**
30 Minuten

**Portionen**
ca. 10 Stück

**Schwierigkeit**
mittel

QR-Code - Video

## ZUTATEN:

375g Wasser
1 Würfel Hefe
1 TL Zucker
450g Mehl
1/2 TL Salz
50g Margarine
160g beliebiges Müsli
Haferflocken nach
Belieben

## ZUBEREITUNG:

1. Wasser, Hefe und Zucker in den Mixtopf geben und **2,5 Min./37°/Stufe 2**
2. Mehl, Salz und Margarine zugeben und **2,5 Min./Knetstufe** - Müsli hinzufügen und **1 Min./Knetstufe**
3. Teig **30 Min.** im Mixtopf gehen lassen, anschließend **1,5 Min./Knetstufe**
4. Brötchen formen, auf ein Backblech legen, leicht befeuchten und mit Haferflocken bestreuen.
5. Backofen auf **225°C (Ober-/Unterhitze)** vorheizen und ca. **25 Min.** backen.

# DINKEL-NUSS-BROT

Koch-/Backzeit
**95 Minuten**

Portionen
**1 Brotlaib**

Schwierigkeit
**mittel**

QR-Code - Video

## ZUTATEN:

250g Dinkelkörner
325g Wasser
30g Hefe
1/2 EL Zucker
250g Weizenmehl
2 TL Salz
80g Haselnüsse
50g Körnermix

## ZUBEREITUNG:

1. Dinkelkörner in den Mixtopf geben und **1 Min./Stufe 10** - umfüllen.
2. Wasser, Hefe und Zucker in den Mixtopf geben und **2,5 Min./37°/Stufe 2**
3. Dinkelmehl, Weizenmehl und Salz zugeben und **5 Min./Knetstufe** - **nach 3 Min.** die Haselnüsse und den Körnermix durch die Deckelöffnung geben.
4. Teig ca. **40 Min.** im Mixtopf gehen lassen, anschließend **30 Sek./Knetstufe**
5. Teig in eine leicht gefettete Form geben, schräg einschneiden und nochmals ca. **10-15 Min.** gehen lassen.
6. Backofen auf **220°C (Ober-/Unterhitze)** vorheizen und ca. **45 Min.** backen.

# SÜSSE FRÜHSTÜCKS-BRÖTCHEN

**Koch-/Backzeit**
16 Minuten

**Portionen**
ca. 10 Stück

**Schwierigkeit**
leicht

QR-Code - Video

## ZUTATEN:

100g Margarine
2 Eier
250g Quark
3 EL Zucker
Prise Salz
1 Pck. Backpulver
500g Mehl
1 Eigelb

## ZUBEREITUNG:

1. Margarine in den Mixtopf geben und **10 Sek./Stufe 4**
2. Eier, Quark, Zucker, Salz und Backpulver zugeben und **10 Sek./Stufe 4**
3. Mehl hinzufügen und **1 Min./Knetstufe**
4. Brötchen formen, auf das Backblech legen und mit Eigelb bestreichen.
5. Backofen auf **200°C (Ober-/Unterhitze)** vorheizen und ca. **15 Min.** backen.

# EIWEISSBROT

Koch-/Backzeit
**65 Minuten**

Portionen
**1 Brotlaib**

Schwierigkeit
**mittel**

QR-Code - Video

## ZUTATEN:

50g Chiasamen
500g Magerquark
300g gemahlene Mandeln
1 Pck. Backpulver
1/2 TL Salz

## ZUBEREITUNG:

1. Chiasamen in den Mixtopf geben und **10 Sek./Stufe 8**
2. Magerquark zugeben und **15 Sek./Stufe 4**
3. Mit dem Spatel alles herunterschieben und **10 Min.** im Mixtopf quellen lassen.
4. Mandeln, Backpulver und Salz in einer Schüssel gut vermischen, in den Mixtopf geben und **5 Min./Knetstufe**
5. Backofen auf **160°C (Umluft)** vorheizen und ca. **60 Min.** backen.

**Tipp**
Du kannst auch ganze Mandeln im Thermomix® mahlen. Die Mandeln vor den Chiasamen in den Mixtopf geben und **9 Sek./Stufe 7** - umfüllen. Etappenweise immer 200g.

# OLIVENBROT

Koch-/Backzeit
**35 Minuten**

Portionen
**1 Brotlaib**

Schwierigkeit
**leicht**

QR-Code - Video

## ZUTATEN:

100g schwarze Oliven
1 1/2 EL Kräuter der Provence
130g Wasser
30g Hefe
Prise Zucker
300g Mehl
1 TL Salz
4 EL Olivenöl

## ZUBEREITUNG:

1. Oliven in den Mixtopf geben und **3 Sek./Stufe 5** - umfüllen und mit Kräuter der Provence vermischen.
2. Wasser, Hefe und Zucker in den Mixtopf geben und **2,5 Min./37°/Stufe 2**
3. Mehl, Salz und Olivenöl zugeben und **1,5 Min. /Knetstufe** - Teig ca. **25 Min.** gehen lassen.
4. **30 Sek./Knetstufe** einstellen und Oliven-Kräuter-Mischung durch die Deckelöffnung geben.
5. Teig in eine Form legen und mit Wasser bestreichen, einschneiden und mit etwas Kräuter der Provence bestreuen.
6. Backofen auf **200°C (Ober-/Unterhitze)** vorheizen und **ca. 25-30 Min.** backen.

**Tipp**
Solltest Du bereits gesalzene Oliven verwenden, reduziere den Salzanteil auf einen 1/2 TL.

# FITNESS VOLLKORNBROT

**Koch-/Backzeit**
**60 Minuten**

**Portionen**
**1 Brotlaib**

**Schwierigkeit**
**mittel**

QR-Code - Video

## ZUTATEN:

300g Dinkelkörner
150g Roggenkörner
150g Weizenkörner
200g Möhren
(3 cm große Stücke)
500g Buttermilch
(Zimmertemperatur)
1 Würfel Hefe
2 TL Salz
2 EL Balsamico Essig (weiß)
50g Wasser (lauwarm)
100g Sonnenblumenkerne
50g Leinsamen
Etwas Haferflocken


Quelle: Dirk Weber

## ZUBEREITUNG:

1. Eine Kastenform fetten und mit Haferflocken bestreuen.
2. Backofen auf **220°C (Ober-/Unterhitze)** vorheizen. (Der Teig hat keine Gehzeit).
3. Dinkelkörner in den Mixtopf geben und **1 Min./Stufe 10** schroten - umfüllen.
4. Roggenkörner und Weizenkörner in den Mixtopf geben und **1 Min./Stufe 10** schroten - zum Dinkelmehl geben.
5. Möhren in den Mixtopf geben und **4 Sek./Stufe 5** zerkleinern.
6. Buttermilch und Hefe zugeben und **3 Min./37°/Stufe 2**
7. Restliche Zutaten (außer Haferflocken!) hinzufügen und mithilfe des Spatels **4 Min./Knetstufe**
8. Den fertigen Teig in die Kastenform geben, gleichmäßig verteilen und mit etwas Wasser oder Buttermilch bestreichen. Dann die restlichen Haferflocken verteilen.
9. Das Brot zunächst **30 Min. bei 220°C backen**, danach die Temperatur auf **180°C** zurückstellen und **weitere 20 Min.** fertig backen.

**Tipp**
Mit dem Anschneiden bitte warten, bis es vollständig abgekühlt ist!

# KÄSEBRÖTCHEN

**Koch-/Backzeit**
**25 minuten**

**Portionen**
**ca. 10 Brötchen**

Schwierigkeit
**mittel**

QR-Code - Video

## ZUTATEN:

120g Käse
300g Milch
1 TL Zucker
1 Würfel Hefe
75g Öl
550g Mehl
1 TL Salz

## ZUBEREITUNG:

1. Käse in den Mixtopf geben und
   **15 Sek./Stufe 6** - umfüllen.
2. Milch, Zucker, Hefe und Öl zugeben und
   **2,5 Min./37°/Stufe 2**
3. Mehl und Salz zugeben und
   **2,5 Min./Knetstufe**
4. Brötchen formen, in den Käse tupfen und
   auf ein mit Backpapier ausgelegtes
   Backblech legen.
5. Bei **200°C (Ober-/Unterhitze)**
   **ca. 15-20 Min.** backen; nicht vorheizen.

**Tipp**
Teig muss nicht gehen und kann sofort gebacken
werden.

# SONNTAGSBRÖTCHEN

Koch-/Backzeit
**30 Minuten**

Portionen
**ca. 10 Brötchen**

Schwierigkeit
**leicht**

QR-Code - Video

## ZUTATEN:

350g Wasser
1 Würfel Hefe
1 TL Honig
500g Mehl
1 1/2 TL Salz

## ZUBEREITUNG:

1. Wasser, Hefe und Honig in den Mixtopf geben und **2,5 Min./37°/Stufe 2**
2. Mehl und Salz zugeben und **3,5 Min/Knetstufe**
3. Brötchen formen und auf ein mit Backpapier ausgelegtes Backblech legen.
4. Bei **200°C (Umluft) ca. 30 Min.** backen; nicht vorheizen.

**Tipp**
Du kannst die Brötchen auch vor dem Backen in Körner tupfen. Dann solltest du vorher die Fläche mit Wasser befeuchten.

Lege eine Schale mit Wasser in den Backofen, dann werden die Brötchen knuspriger.

# DINKELBROT

Koch-/Backzeit
**ca. 85 Minuten**

Portionen
**1 Brotleib**

Schwierigkeit
**leicht**

QR-Code - Video

## ZUTATEN:

500g Wasser
1/2 Würfel Hefe
2 TL Zucker
250g Dinkelmehl, Typ 630
250g dunkles Weizen-
mehl, Typ 1050
2 TL Salz
150g Körnermix

## ZUBEREITUNG:

1. Wasser, Hefe und Zucker in den Mixtopf geben und **2,5 Min./37°/Stufe 2**
2. Dinkelmehl, dunkles Weizenmehl, Salz und Körnermix zugeben und **2 Min./Knetstufe**
3. Kastenform einfetten und mit Mehl, Haferflocken und Körnermix bestreuen.
4. Teig hineingeben und erneut die drei Zutaten auf dem Teig verteilen.
5. Das Dinkelbrot bei **190°C (Ober-/Unterhitze) ca. 1 Std. und 15 Min.** backen; nicht vorheizen.

**Tipp**
Lege eine Schale mit Wasser in den Backofen, dann werden die Brötchen knuspriger.

# HAUPTGERICHTE

# HAWAII-SCHNITZEL MIT REIS

Koch-/Backzeit
**33 Minuten**

Portionen
**3-4**

Schwierigkeit
**mittel**

QR-Code - Video

## ZUTATEN:

800g Kassler-Lachsbraten
1 große und 1 kleine Dose
Ananas in Scheiben
Marmelade
Goudascheiben
1 Knoblauchzehe
470g Saft aus den
Ananasdosen
1 EL Gemüsebrühe
2 EL Curry
Salz/Pfeffer
200g Reis (bis 350g möglich)
100g Sahneschmelzkäse
120g Sahne
60g Mehl

## ZUBEREITUNG:

1. Kassler-Lachsbraten in Scheiben schneiden. Je eine Ananasscheibe (Saft aufbewahren) auf das Kassler legen. In die Mitte der Ananasscheibe einen TL Marmelade geben und mit einer Scheibe Gouda bedecken. Alles im Varoma-behälter und Varoma-Einlegeboden verteilen.
2. Knoblauch in den Mixtopf geben und **3 Sek./Stufe 8**
3. Ananas, Saft aus den Dosen, Gemüsebrühe, Curry, Salz und Pfeffer hinzufügen und **5 Sek./Stufe 5**
4. Gareinsatz einhängen, Reis einwiegen, Wasser zugeben, sodass der Reis gut bedeckt ist. Varoma aufsetzen und **30 Min./Varoma/Stufe 2**
5. Varoma und Gareinsatz zur Seite stellen und warm halten.
6. Sahneschmelzkäse, Sahne und Mehl zugeben und **4 Min./100°/Stufe 3**

**Tipp**
Im Video gebe ich den Reis 15 Min. später hinzu. Ich würde allerdings die obere Variante empfehlen.

# CALZONE

**Koch-/Backzeit**
**35 Minuten**

**Portionen**
**2**

**Schwierigkeit**
**mittel**

QR-Code - Video

## ZUTATEN:

**Tomatensauce**
1 Zwiebel
2 Knoblauchzehen
1 Dose Tomaten (ganz)
1 TL Oregano
1 TL Basilikum
1 TL Zucker & Salz/Pfeffer

**Füllung**
300g Käse
Salami nach Bedarf
1 Zwiebel
1 Mozarella
1 Dose Thunfisch
Peperoni

**Teig**
150g Milch
20g Hefe
1/2 TL Zucker
250g Mehl
2 EL Olivenöl
1 TL Salz

## ZUBEREITUNG:

**Tomatensauce**
1. Zwiebel und Knoblauch in den Mixtopf geben und **3 Sek./Stufe 5**
2. Dose Tomaten, Oregano, Basilikum, Zucker, Salz und Pfeffer zugeben und **10 Min./Varoma/Stufe 1**
3. Alles pürieren auf **8 Sek./Stufe 10** - umfüllen und abkühlen.

**Füllung**
4. Käse in den Mixtopf und **10 Sek./Stufe 6** - umfüllen.
5. Salami in den Mixtopf und **5 Sek./Stufe 4** - umfüllen.
6. Zwiebel in den Mixtopf und **3 Sek./Stufe 5** - umfüllen.

**Teig**
7. Milch, Hefe und Zucker in den Mixtopf geben und **2,5 Min./37°/Stufe 2**
8. Mehl, Olivenöl und Salz zugeben **2,5 Min./Knetstufe**
9. Teig auf auf eine bemehlte Arbeitsfläche geben und ca. **10 Min.** gehen lassen.
10. Teig in zwei Hälften teilen und ausrollen. Beide Pizzakreise zur Hälfte auf den Backblechrand legen.
11. Jeweils eine Hälfte vom Pizzakreis belegen und einen kleinen Rand dabei frei lassen.
    Belag 1 Calzone: Tomatensauce, Salami, Peperoni, Zwiebeln, Mozarella und Käse
    Belag 2 Calzone: Tomatensauce, Thunfisch, Zwiebeln, Käse.
12. Pizzakreise zuklappen und den Rand fest zudrücken, etwas Tomatensauce und Käse auf die obere Fläche geben. Bei **240°C (Ober-/Unterhitze)** ca. **20 Min.** backen; vorheizen.

# CABANOSSI-SUPPE

Koch-/Backzeit
**34**

Portionen
**4**

Schwierigkeit
**mittel**

QR-Code - Video

## ZUTATEN:

1 Pck. Cabanossi (300g)
1 rote Paprika
1 Zwiebel
2 Knoblauchzehen
1 Möhre
15g Öl
450g Kartoffeln (mundgerechte Stücke)
1 Dose Mais
2 Dosen Tomaten (stückig)
400g Wasser
1 EL Gemüsebrühe
1 Dose Kidneybohnen
Salz/Pfeffer/Paprikapulver
edelsüß und scharf

## ZUBEREITUNG:

1. Cabanossi entweder in ganze oder halbe Ringe und die Paprika in mundgerechte Stücke schneiden.
2. Zwiebel, Knoblauch und Möhre in den Mixtopf geben und **5 Sek./Stufe 5**
3. Cabanossi und Öl zugeben und **4 Min./Varoma/Rührstufe**
4. Kartoffeln, Mais, Paprika, stückige Tomaten, Wasser und Gemüsebrühe zugeben und **20 Min./100°/Linkslauf/Stufe 1**
5. Kidneybohnen und Gewürze zugeben und **10 Min./95°/Linkslauf/Stufe 1**

**Tipp**
Wer es dickflüssiger mag, nimmt einfach 300g Wasser.

# GEFÜLLTE CHAMPIGNONS

Koch-/Backzeit
**40 Minuten**

Portionen
**3-4**

Schwierigkeit
**mittel**

QR-Code - Video

## ZUTATEN:

500g weiße Pilze
100g Käse

**Füllung**
1 Zwiebel
1 Knoblauchzehe
500g Hackfleisch
1 Ei
2 EL Paniermehl
1 EL Senf, mittelscharf
Salz/Pfeffer

**Beilage & Sauce**
1 Zwiebel
2 Knoblauchzehen
10g Öl
500g Wasser
1 EL Gemüsebrühe
750g Kartoffeln
(mundgerechte Stücke)
100g Frischkäse
65g Mehl
Salz/Pfeffer

## ZUBEREITUNG:

1. Pilze aushöhlen (Stiele zur Seite stellen).
2. Käse in den Mixtopf geben und **10 Sek./Stufe 6** - umfüllen.

**Füllung**
3. Zwiebel und Knoblauch in den Mixtopf geben und **5 Sek./Stufe 5**
4. Hackfleisch, Ei, Paniermehl, Senf, Salz und Pfeffer zugeben und **1 Min./Knetstufe**
5. Pilze mit der Hackfleischmasse füllen, in den Varoma legen und mit Käse bestreuen. Sollte Hackfleisch überbleiben, Hackbällchen formen und in den Einlegeboden verteilen und die restlichen Pilze zugeben.

**Beilage & Sauce**
6. Zwiebel,Knoblauch und die Pilzstiele in den Mixtopf geben und **5 Sek./Stufe 5**
7. Öl hinzugeben und **3 Min./Varoma/Stufe 1**
8. Wasser und Gemüsebrühe in den Mixtopf geben. Gareinsatz einhängen, Kartoffeln einwiegen, Varoma aufsetzen, schließen und **30 Min./Varoma/Stufe 1**
9. Kartoffeln und Varoma warm stellen. Frischkäse und Mehl zur Garflüssigkeit geben und **3 Min./100°/ Stufe 3** - anschließend **30 Sek./Stufe 8**
10. Eventuell mit Salz und Pfeffer nachwürzen.

# GEMÜSE-KARTOFFELAUFLAUF

Koch-/Backzeit
**55 Minuten**

Portionen
**4**

Schwierigkeit
**leicht**

QR-Code - Video

## ZUTATEN:

250g Käse
500g Wasser
1 EL Gemüsebrühe
750g Kartoffeln
(mundgerechte Stücke)
750g Gemüse
125g Speckwürfel

**Sauce**
450g Milch
450g Garflüssigkeit
80g Mehl
25g Butter
200g Kräuterfrischkäse
Muskat/Salz/Pfeffer

## ZUBEREITUNG:

1. Käse in den Mixtopf geben und
   **15 Sek./Stufe 6** - umfüllen.
2. Wasser und Gemüsebrühe in den Mixtopf
   geben, Gareinsatz einhängen, Kartoffeln
   einwiegen, Varoma aufsetzen und Gemüse
   hineingeben, Varoma schließen und
   **30 Min./Varoma/Stufe 1**
3. Kartoffeln, Gemüse und Speckwürfel in einer
   Auflaufform verteilen. Garflüssigkeit auffangen.

**Sauce**
4. Milch, Garflüssigkeit, Mehl, Butter, Kräuterfrischkäse und Gewürze zugeben und
   **6 Min./90°/Stufe 3**
5. Sauce über die Kartoffeln und das Gemüse
   geben und mit Käse bestreuen.
6. Backofen auf **200°C (Ober-/Unterhitze)**
   vorheizen und ca. **25 Min.** backen.

# HACK-RÖLLCHEN

Koch-/Backzeit
**36 Minuten**

Portionen
**3-4**

Schwierigkeit
**mittel**

QR-Code - Video

## ZUTATEN:

1 Zwiebel
2 Knoblauchzehen
500g Hackfleisch
1 Ei
1 TL Salz/etwas Pfeffer
Paprika, edelsüß
30g Paniermehl
2 Pck. Kochschinken

**Möhren-/Paprikareis**
125g Möhren, in Stücken
125g Paprika, in Stücken
1000g Wasser
1 EL Gemüsebrühe
200g Reis
100g Buchweizen

**Sauce**
450g Garflüssigkeit
70g Tomatenmark
120g Kräuterschmelzkäse
30g Mehl
Pfeffer
1 EL Basilikum

## ZUBEREITUNG:

1. Zwiebel und Knoblauch in den Mixtopf geben und **5 Sek./Stufe 6**
2. Restliche Zutaten (außer Kochschinken) zugeben und **1 Min./Knetstufe**
3. Hackfleischmischung auf die Kochschinken-Scheiben verteilen, einrollen und in den Varoma legen.

**Möhren-/Paprikareis**
4. Möhren und Paprika in den Mixtopf geben und **4 Sek./Stufe 5** – umfüllen.
5. Wasser und Gemüsebrühe in den Mixtopf geben, Gareinsatz einhängen, Reis und Buchweizen einwiegen und zerkleinerte Möhren/Paprika auf den Reis geben. Varoma aufsetzen und **30 Min./Varoma/Stufe 1**
6. Varomainhalt und Möhren-/Paprikareis umfüllen, warm stellen. Mixtopf leeren und Garflüssigkeit auffangen.

**Sauce**
7. Garflüssigkeit in den Mixtopf geben. Alle Zutaten für die Sauce zugeben und **5 Min./90°/Stufe 3**

# PESTO-PIZZA-RING

Koch-/Backzeit
**30 Minuten**

Portionen
**ca. 3**

Schwierigkeit
**mittel**

QR-Code - Video

## ZUTATEN:

**Teig**
220g Wasser
1 TL Zucker
20g Hefe
400g Mehl
30g Olivenöl
1 TL Salz

Basilikum-Pesto
Kochschinken in
Scheiben (geviertelt)
Tomaten in Scheiben
Mozzarella in Scheiben
(alle Mengen nach
Belieben)

1 Eigelb

## ZUBEREITUNG:

**Teig**
1. Wasser, Zucker und Hefe in den Mixtopf geben und **2,5 Min./37°/Stufe 2**
2. Mehl, Olivenöl und Salz zugeben und **2 Min./Knetstufe**
3. Etwas Olivenöl auf ein mit Backpapier ausgelegtes Backblech geben, den Teig darauf legen und ca. **5-10 Min.** gehen lassen und ausrollen.
4. Kleine Schüssel in die Mitte der Pizzafläche stellen und darumherum mit Basilikum-Pesto bestreichen.
5. Eine Hälfte mit Kochschinken - die andere Hälfte mit Tomatenscheiben belegen und Mozzarella auf beides verteilen.
6. Die Schüssel von der Mitte entfernen, mit einem scharfen Messer die kleine Fläche waagerecht und senkrecht einschneiden und nach außen hin wegklappen.
7. Die Teigflächen mit Eigelb bestreichen.
8. Backofen auf **200°C (Ober-/Unterhitze)** vorheizen und ca. **20 Min.** backen.

# ROSENKOHL-AUFLAUF

Koch-/Backzeit
**56 Minuten**

Portionen
**3-4**

Schwierigkeit
**mittel**

QR-Code - Video

## ZUTATEN:

200g Käse
500g Wasser
2 EL Gemüsebrühe
750g Kartoffeln, gewürfelt
750g Rosenkohl TK
250g Möhren (in Scheiben)
400g Kassler, gewürfelt

**Sauce**
2 Zwiebeln
1 Knoblauchzehe
30g Öl
600g Garflüssigkeit
100g Sahne
1 EL Kräuterfrischkäse
80g Mehl
Pfeffer/Muskat

## ZUBEREITUNG:

1. Käse in den Mixtopf geben und
   **10 Sek./Stufe 6** - umfüllen.
2. Wasser und Gemüsebrühe in den Mixtopf
   geben, Gareinsatz einhängen, Kartoffeln
   einwiegen, Varoma aufsetzen und Kassler,
   Möhren und Rosenkohl hineingeben. Varoma
   schließen und **30 Min./Varoma/Stufe 1**
3. Varomainhalt und Kartoffeln in eine Auflaufform
   verteilen und Garflüssigkeit auffangen.

**Sauce**
4. Zwiebeln und Knoblauch in den Mixtopf geben
   und **8 Sek./Stufe 5**
5. Öl hinzugeben und **3 Min./Varoma/Stufe 1**
6. Garflüssigkeit, Sahne, Kräuterfrischkäse, Mehl,
   Pfeffer und Muskat zugeben und
   **3 Min./100°/Stufe 4**
7. Sauce über das Gemüse geben und mit Käse
   bestreuen.
8. Backofen auf **200°C (Ober-/Unterhitze)**
   vorheizen und ca. **20 Min.** backen.

# CHILI CON CARNE

Koch-/Backzeit
**25 Minuten**

Portionen
**4-5**

Schwierigkeit
**mittel**

QR-Code - Video

## ZUTATEN:

500g Hackfleisch
2 Zwiebeln
2 Knoblauchzehen
20g Öl
2 Paprika, mundgerechte Stücke
2 Dosen Kidneybohnen
1 Dose Mais
2 Dosen stückige Tomaten
1 EL Gemüsebrühe
1 TL Oregano
1 Loorbeerblatt
Pfeffer/Chili
300g Wasser

## ZUBEREITUNG:

1. Hackfleisch separat in einer Pfanne anbraten und leicht würzen.
2. Zwiebeln und Knoblauch in den Mixtopf geben und **5 Sek./Stufe 5**
3. Öl hinzugeben **3 Min./Varoma/Stufe 1**
4. Die restlichen Zutaten, außer das Hackfleisch, in den Mixtopf geben - mit dem Spatel einmal alles gut durchmischen und **10 Min./100°/Linkslauf/Stufe 1**
5. Mit dem Spatel zwischendurch den Inhalt gut durchmischen.
6. Hackfleisch zugeben, umrühren und weitere **10 Min./100°/Linkslauf/Stufe 1**
7. Geschmacksprobe - evtl. nachwürzen.

# KARTOFFEL-PORREE-SUPPE

**Koch-/Backzeit**
35 Minuten

**Portionen**
4

Schwierigkeit
**leicht**

QR-Code - Video

## ZUTATEN:

30g Butter
460g Porree,
halbe Ringe
600g Kartoffeln
1 1/2 EL Gemüsebrühe
1 1/2 l Wasser
Salz/Pfeffer
140g Sahne

**Optional**
1 Zwiebel
1 Dose Pilze

## ZUBEREITUNG:

1. Butter und Porree (halbe Ringe) in den Mixtopf geben und **5 Min./Varoma/Stufe 1**
2. Mit dem Spatel alles gut durchmischen (auch am Messer).
3. Kartoffeln, Gemüsebrühe, Salz, Pfeffer und Wasser hinzugeben und mit dem Spatel gut vermischen - **30 Min./100°/Stufe 1**
4. Sahne dazugeben und **10 Sek./Stufe 2**
5. Abschmecken und evtl. nachwürzen.

**Tipp**
Pilze und Zwiebel in einer Pfanne anbraten und mit Salz und Pfeffer würzen. Auf jeden Suppenteller verteilen und servieren.

# HÄHNCHEN IN TOMATENPESTO

**Koch-/Backzeit**
**36 Minuten**

**Portionen**
**3-4**

**Schwierigkeit**
**mittel**

QR-Code - Video

## ZUTATEN:

Hähnchenbrustfilet
Salz/Pfeffer/Paprika edelsüß
Tomatenpesto
200g Käse (in kleinen Scheiben)
Schnittlauch
1 Zwiebel
1 Knoblauchzehe
20g Öl

Gemüse für Mixtopf
(100g Kartoffeln, 1 Paprika, 1 Möhre)
1 EL Gemüsebrühe
300g Reis
1100g Wasser
800g Gemüse
Etwas Olivenöl
2 TL Kräutersalz

**Sauce**
500g Garflüssigkeit
100g Crème fraîche Kräuter
50g Mehl
2 EL Tomatenpesto

## ZUBEREITUNG:

1. Hähnchenbrust würzen und mit Tomatenpesto bestreichen. Schräg einschneiden und Käse-scheiben reinlegen. Fertiges Fleisch in den Einlegeboden (mit Backpapier) verteilen.
2. Zwiebel und Knoblauch in den Mixtopf geben und **5 Sek./Stufe 5**
3. Öl hinzugeben und **3 Min./Varoma/Stufe 1**
4. Das Gemüse für den Mixtopf hinzugeben und **5 Sek./Stufe 5**
5. Wasser und Gemüsebrühe in den Mixtopf geben. Gareinsatz einhängen, Reis einwiegen, Varoma aufsetzen, Gemüse hineingeben, mit Kräutersalz würzen und mit Olivenöl beträufeln. Einlegeboden mit dem Fleisch aufsetzen, Varoma verschließen und **30 Min./Varoma/Stufe 1**
6. Alles warm stellen.
7. Crème fraîche Kräuter, Mehl und Tomatenpesto zur Garflüssigkeit geben und **3 Min./100°/Stufe 3** - anschließend **15 Sek./Stufe 8**

# ZUCCHINI MIT THUNFISCH

Koch-/Backzeit
**30 Minuten**

Portionen
**3-4**

Schwierigkeit
**mittel**

QR-Code - Video

## ZUTATEN:

4 Zucchini

**Füllung**
75g Käse
1 Ei
2 Dosen Thunfisch
Salz/Pfeffer
Muskat/Thymian

1 Zwiebel
1 Knoblauchzehe
20g Öl
250g Zucchini
1 EL Gemüsebrühe
300g Reis
1000g Wasser

200g Frischkäse
60g Mehl

**Optional**
Feta

## ZUBEREITUNG:

1. Zucchini aushöhlen (Reste zur Seite stellen).
**Füllung**
2. Käse in den Mixtopf und **15 Sek./Stufe 6**
3. Ei hinzufügen und **10 Sek./Stufe 4**
4. Thunfisch (abgetropft) und Zucchiniaushöhlung zugeben und **10 Sek./Stufe 4**
5. Mit Salz, Pfeffer, Muskat und Thymian würzen und **10 Sek./Stufe 3**
6. Zucchini mit der Masse befüllen und in den Varoma sowie Einlegeboden verteilen und optional mit Fetakäse bestreuen.
7. Zwiebel und Knoblauch in den MIxtopf geben und **5 Sek./Stufe 5**
8. Öl zugeben und **3 Min./Varoma/Stufe 1**
9. Zucchini zugeben und **5 Sek./Stufe 4**
10. Gemüsebrühe in den Mixtopf geben. Gareinsatz einhängen, Reis einwiegen, Wasser zugeben, Varoma aufsetzen, verschließen und **25 Min./Varoma/Stufe 1**
11. Alles warm stellen.
12. Frischkäse und Mehl hinzugeben **2 Min./100°/ Stufe 3**, anschließend **15 Sek./Stufe 8**

# CANNELLONI MIT HACK

Koch-/Backzeit
**ca. 70 Minuten**

Portionen
**4**

Schwierigkeit
**schwer**

QR-Code - Video

## ZUTATEN:

1 Pck. Cannelloni
150g Emmentaler

**Füllung**
500g Hackfleisch
1 Zwiebel
1 Ei
90g Milchreis
Salz/Pfeffer

**Sauce**
1 Zwiebel
2 Möhren
1 Paprika,
mundgerechte Stücke
20g Öl
1 EL Gemüsebrühe
1 Dose Passierte Tomaten
200g Sahne
100g Wasser
Salz/Pfeffer

## ZUBEREITUNG:

1.  Den Milchreis mit kochendem Wasser begießen und für ca. **3 Stunden** stehen lassen.
2.  Käse in den Mixtopf geben und **15 Sek./Stufe 6** - umfüllen.

**Füllung**
3.  Zwiebel in den Mixtopf geben und **4 Sek./Stufe 6** - herunterschieben und erneut **1 Sek./Stufe 6**
4.  Hackfleisch, Ei, Milchreis, Salz und Pfeffer zugeben und **1 Min./Knetstufe**
5.  Die Füllung in Cannelloni füllen und in eine Auflaufform legen.

**Sauce**
6.  Zwiebel, Möhren in den Mixtopf geben und **4 Sek./Stufe 5** (eventuell wiederholen).
7.  Paprika und Öl zugeben und **3 Min/Varoma/Stufe 1**
8.  Gemüsebrühe, passierte Tomaten, Sahne, Wasser, Salz und Pfeffer zugeben und **6 Min./90°/Stufe 1,5**
9.  Sauce über die Cannelloni gießen.
10. Bei **180° (vogeheizt) ca. 50 Minuten** garen. Käse **15 Min.** vor Garende auf die Cannelloni streuen.

# REISTOPF MIT HÄHNCHEN

Koch-/Backzeit
**35 Minuten**

Portionen
**4**

Schwierigkeit
**leicht**

QR-Code - Video

## ZUTATEN:

3 Zwiebeln
3 Möhren
20g Öl
300g Reis
1 EL Gemüsebrühe
950g Wasser
Salz/Pfeffer

550g Hähnchenbrustfilet,
mundgerechte Stücke
20g Öl
2 EL Brathähnchen-
Würzsalz

## ZUBEREITUNG:

1. Hähnchenbrustfilet in mundgerechte Stücke schneiden, mit Öl und Brathähnchen-Würzsalz würzen und im Varoma Einlegeboden verteilen.
2. Zwiebeln und Möhren in den Mixtopf geben und **3 Sek./Stufe 5**
3. Öl zugeben und **3 Min./Varoma/Stufe 1**
4. Salz, Pfeffer und Gemüsebrühe hinzugeben.
5. Gareinsatz einhängen, Reis einwiegen, Wasser zugeben (1 cm über Reis), Varoma aufsetzen und **30 Min./Varoma/Stufe 1**
6. Fleisch und Reis in eine Schüssel geben, Garflüssigkeit durch ein Sieb oder durch den Gareinsatz kippen und den Inhalt (Möhren und Zwiebeln) zum Reis und Fleisch geben.
7. Alles vermischen und servieren.

# QUARK-PIZZA-KUCHEN

Koch-/Backzeit
**30 Minuten**

Portionen
**4**

Schwierigkeit
**mittel**

QR-Code - Video

## ZUTATEN:

150g Käse

**Teig**
125g Wasser
1/2 Würfel Hefe
1/2 TL Zucker
250g Mehl
1 TL Salz
20g Olivenöl

**Belag**
2 EL Schnittlauch
250g Magerquark
20g Olivenöl
2 Eier
1 TL Oregano
Salz/Pfeffer/Muskat
Tomaten (in Scheiben)
1 Pck. Kochschinken
(gewürfelt)

## ZUBEREITUNG:

1. Käse in den Mixtopf geben und **15 Sek./Stufe 6** - umfüllen.

**Teig**
2. Wasser, Hefe und Zucker in den Mixtopf geben und **2,5 Min./37°/Stufe 2**
3. Mehl, Salz und Olivenöl zugeben und **2 Min./Knetstufe**
4. Teig in eine bemehlte Schüssel geben und zugedeckt bis zur doppelten Menge gehen lassen.
5. Teig ausrollen und in eine gefettete 28-Springform geben.

**Belag**
6. Schnittlauch, Magerquark, Olivenöl, Eier und Oregano in den Mixtopf geben und **30 Sek./Stufe 3**
7. Salz, Pfeffer und Muskat zugeben und kurz **15 Sek./Stufe 2** - verrühren.
8. Masse auf den Teig verstreichen.
9. Tomaten in Scheiben und Kochschinken in Würfel schneiden, auf der Quark-Pizza verteilen und mit Käse bestreuen.
10. Das ganze bei **220°C (Ober-/Unterhitze)** vorgeheizt auf der untersten Schiene **ca. 20 Minuten** backen.

**Tipp**
Für den Belag kannst Du auch Speck und andere Kräuter verwenden.

# SCHWEINEFLEISCH MIT GNOCCHI UND GEMÜSE

Koch-/Backzeit
**35 Minuten**

Portionen
**2-3**

Schwierigkeit
**mittel**

QR-Code - Video

## ZUTATEN:

2 Zwiebeln
20g Olivenöl
600g Schweinefleisch, große Würfel
400g Wasser
1 EL Gemüsebrühe
1 TL Paprika edelsüß
Pfeffer
15g Sojasauce
1 TL Majoran
1 TL Pizzagewürz
70g Tomatenmark
750g gemischtes Gemüse
2 TL Kräutersalz
500g Gnocchi
100g Schmand

## ZUBEREITUNG:

1. Zwiebeln in den Mixtopf geben und **4 Sek./Stufe 6**
2. Öl zugeben und **3 Min./Varoma/Stufe 1**
3. Schweinefleisch zugeben und **5 Min./Varoma/Linkslauf/Rührstufe**
4. Wasser, Gemüsebrühe und Gewürze (bis einschließlich Tomatenmark) zugeben und **5 Min./Varoma/Linkslauf/Rührstufe**
5. Gemüse im Varoma verteilen, mit Kräutersalz würzen und mit Olivenöl beträufeln. Einlegeboden mit Gnocci aufsetzen. Varoma verschließen und **20 Min./Varoma/ Linkslauf/ Rührstufe**
6. Varoma entnehmen, Schmand zum Schweinefleisch geben, **7 Sek./Linkslauf/Stufe 3** und mit Gemüse und Gnocchi servieren.

# BANDNUDELN MIT LACHS UND GEMÜSE

Koch-/Backzeit
**30 Minuten**

Portionen
**4**

Schwierigkeit
**mittel**

QR-Code - Video

## ZUTATEN:

1 Zwiebel
20g Öl
2 EL Gemüsebrühe
850g kochendes Wasser
300g Bandnudeln
Gemüse (zB. Brokkoli, Möhren, Paprika - mundgerecht)
500g Lachs
100g Schmand
Pfeffer
Muskat

## ZUBEREITUNG:

1. Zwiebel in den Mixtopf und **4 Sek./Stufe 5**
2. Öl zugeben und **3 Min./Varoma/Stufe 1**
3. Gemüsebrühe und kochendes Wasser in den Mixtopf geben.
4. Gemüse in den Varoma geben, Lachs in den Einlegeboden auf das Backpapier legen und mit Salz und Pfeffer würzen. Varoma verschließen und **15 Min./Varoma/ Linkslauf/Rührstufe** - nach **5 Min.** Bandnudeln in den Mixtopf geben.
5. Lachs mit dem Spatel in mundgerechte Stücke schneiden und mit dem Gemüse in einen Behälter umfüllen.
6. Schmand, Pfeffer und Muskat zu den Band- nudeln geben und **10 Sek./Linkslauf/Stufe 1**
7. Inhalt vom Mixtopf über das Gemüse und den Lachs gießen, verrühren und sofort servieren.

# LACHS AUF GEMÜSEBETT

Koch-/Backzeit
**30 Minuten**

Portionen
**2-3**

Schwierigkeit
**leicht**

QR-Code - Video

## ZUTATEN:

500g Lachs
Salz/Pfeffer
Olivenöl
1 Zitrone (in Scheiben)

**Gemüse**
2 Paprika
1 Zucchini
2 Möhren
2 TL Kräutersalz
3 EL Olivenöl

650g Drillinge

700g Wasser
1 EL Gemüsebrühe

## ZUBEREITUNG:

1. Gemüse in mundgerechte Stücke schneiden und in eine Schüssel geben. Olivenöl und Kräutersalz zugeben und gut vermischen.
2. Rühraufsatz in den Varomabehälter legen und das Gemüse hineingeben.
3. Varoma-Einlegeboden mit Backpapier auslegen, Lachs darauf verteilen und mit Olivenöl, Salz und Pfeffer würzen und je eine Zitronenscheibe auf den Lachs legen.
4. Wasser und Gemüsebrühe in den Mixtopf geben, Gareinsatz einhängen, Drillinge einwiegen, Varoma aufsetzen und **30 Min./Varoma/Stufe 1**

**Tipp**
Zu den Kartoffeln kannst Du gerne Sour Cream servieren.

# KARTOFFEL-GEMÜSEHACKAUFLAUF

Koch-/Backzeit
**40 minuten**

Portionen
**4**

Schwierigkeit
**mittel**

QR-Code - Video

## ZUTATEN:

500g Hackfleisch
Salz/Pfeffer

700g Kartoffeln
(in Scheiben)
2 Zwiebeln
2 Knoblauchzehen
15g Öl
500g Wasser
1 EL Gemüsebrühe
Gemüse nach Bedarf (zB.
Paprika, Möhre, Brokkoli)
200g Kräuterschmelzkäse
100g Sahne
45g Mehl
2 TL Kräuter gemischt
Feta (nach Bedarf)

## ZUBEREITUNG:

1. Hackfleisch in einer Pfanne separat anbraten und mit Salz und Pfeffer würzen.
2. Zwiebel und Knoblauch in den Mixtopf geben und **5 Sek./Stufe 5**
3. Öl zugeben und **3 Min./Varoma/Stufe 1**
4. Wasser und Gemüsebrühe in den Mixtopf geben, Kartoffelscheiben in den Gareinsatz einwiegen, Gemüse in den Varomabehälter legen und ca. **15 Min./Varoma/Stufe 1**
5. Hackfleisch, Gemüse und Kartoffelscheiben in eine Auflaufform verteilen.
6. Sahneschmelzkäse, Sahne, Mehl und Kräuter gemischt zur Garflüssigkeit geben und ca. **3 Min./100°/Stufe 3**
7. Die Sauce über den Auflauf geben und Feta darüber streuen.
8. Bei **200°C (vorgeheizt) ca. 30 - 40 Min** fertig garen.

# SPAGHETTI BOLOGNESE

Koch-/Backzeit
**30 Minuten**

Portionen
**4**

Schwierigkeit
**leicht**

QR-Code - Video

## ZUTATEN:

500g Hackfleisch
2 Zwiebeln
3 Knoblauchzehen
3 Möhren (grobe Stücke)
15g Olivenöl
2 Dosen stückige Tomaten
1 EL Gemüsebrühe
3 TL Pizzagewürz
1 TL Oregano
1 TL Salz
Pfeffer
1 TL Zucker

## ZUBEREITUNG:

1. Hackfleisch in einer Pfanne separat anbraten und leicht würzen.
2. Zwiebeln, Knoblauch und Möhren zugeben und **5 Sek./Stufe 5**
3. Öl zugeben und **5 Min./Varoma/Stufe 1**
4. Stückige Tomaten, Gemüsebrühe, Pizzagewürz, Oregano, Salz, Pfeffer und Zucker zugeben und **5 Min./100°/Stufe 1**
5. Hackfleisch zugeben und **15 Min./100°/Linkslauf/Stufe 1**

# GYROSSUPPE

Koch-/Backzeit
**30 minuten**

Portionen
**4**

Schwierigkeit
**mittel**

QR-Code - Video

## ZUTATEN:

1 Paprika
(mundgerechte Stücke)
1 Dose Tomaten
2 Knoblauchzehen
2 Zwiebeln
600g Gyros-
Geschnetzeltes
15g Öl
1 Dose Pilze
100g Sahneschmelzkäse
1 EL Gemüsebrühe
2 TL Zucker
Prise Salz/Paprika
1 EL Pizzagewürz
200g heißes Wasse
150g Sahne

## ZUBEREITUNG:

1. Paprika in mundgerechte Stücke schneiden.
2. Dose Tomaten in den Mixtopf geben und
   **5 Sek./Stufe 4** - umfüllen.
3. Knoblauch und Zwiebeln in den Mixtopf geben
   und **3 Sek./Stufe 5**
4. Gyros-Geschnetzeltes und Öl zugeben und
   **5 Min./100°/Linkslauf/Stufe 1**
5. Pilze, Sahneschmelzkäse, Gemüsebrühe,
   Zucker, Salz, Paprika, Pizzagewürz und die
   umgefüllten Tomaten sowie die Paprika und das
   heiße Wasser zugeben und
   **20 Min./100°/Linkslauf/Stufe 1**
6. Sahne zugeben und
   **30 Sek./Linkslauf/Stufe 2**

# PIZZASUPPE

Koch-/Backzeit
**30 Minuten**

Portionen
**4**

Schwierigkeit
**mittel**

QR-Code - Video

## ZUTATEN:

500g Hackfleisch
15g Öl
1 Zwiebel
1 Knoblauchzehe
1 Dose geschälte Tomaten
1 Dose stückige Tomaten
1 Dose Pilze
1 Paprika
(mundgerechte Stücke)
200g Sahne
200g Kräuterschmelzkäse
450g Wasser
1 EL Gemüsebrühe
Salz/Pfeffer
1 TL Oregano
1 TL Pizzagewürz

## ZUBEREITUNG:

1. Hackfleisch separat anbraten und leicht würzen.
2. Paprika in mundgerechte Stücke schneiden.
3. Zwiebel und Knoblauch in den Mixtopf geben und **3 Sek./Stufe 5**
4. Öl zugeben und **3 Min./Varoma/Stufe 1**
5. Geschälte Tomaten, stückige Tomaten, Pilze, Paprika, Sahne, Kräuterschmelzkäse, Wasser und Gemüsebrühe in den Mixtopf geben und **10 Min./Linkslauf/100°/Stufe 1**
6. Hackfleisch, Salz, Pfeffer, Oregano und Pizzagewürz zugeben und **15 Min./Linkslauf/95°/Stufe 1**

# SNACKS

---

# KÄSE-SCHINKEN-HÄLFTEN

Koch-/Backzeit
**20 Minuten**

Portionen
**16 Hälften**

Schwierigkeit
**leicht**

QR-Code - Video

## ZUTATEN:

200g Käse
200g Schinken
2 Becher Schmand
Salz/Pfeffer
1 TL Pizzagewürz
50g Milch
1 Tomate
(klein geschnitten)
8 Aufbackbrötchen

## ZUBEREITUNG:

1. Käse in den Mixtopf geben und
   **10 Sek./Stufe 6** – umfüllen.
2. Schinken in den Mixtopf geben und
   **5 Sek./Stufe 5**
3. Käse, Schmand, Salz, Pizzagewürz, Pfeffer,
   Tomatenstücke und Milch zugeben und
   **20 Sek./Stufe 3** vermischen.
4. Aufbackbrötchen aufschneiden und die
   Creme auf die Hälften auftragen.
5. Backofen auf **200°C (Ober-/Unterhitze)**
   vorheizen und ca. **15-20 Min.** backen.

**Tipp**
Du kannst hier die Zutaten beliebig austauschen.

# KÄSESTANGEN

Koch-/Backzeit
**17 Minuten**

Portionen
**ca. 25 Stangen**

Schwierigkeit
**mittel**

QR-Code - Video

## ZUTATEN:

130g Butter (weich)
200g Käse (Emmentaler)
150g Schinken
280g Mehl
1 TL Backpulver
2 Eier
30g Milch
1 1/2 TL Salz

**Quelle:**
Christine Haas
www.christines-rezepte.de

## ZUBEREITUNG:

1. Käse in den Mixtopf geben und **10 Sek./Stufe 6** - umfüllen.
2. Schinken in den Mixtopf geben und **5 Sek./Stufe 5** - zum Käse geben.
3. Mehl, Backpulver, Eier, Butter, Milch und Salz in den Mixtopf geben und **20 Sek./Stufe 4** zu einem Teig kneten.
4. Käse-Schinken zugeben und mithilfe des Spatels **30 Sek./Knetstufe** unterrühren.
5. Teig auf eine bemehlte Arbeitsfläche 0,5 cm dick ausrollen und in ca. 1 cm breite Streifen schneiden.
6. Die Streifen in Korkenzieherform drehen.
7. Backofen auf **200°C vorheizen (Umluft)** und ca. **15 Min. backen**.

# SCHINKEN-MAIS-ROLLE

Koch-/Backzeit
**30 Minuten**

Portionen
**ca. 12 Stück**

Schwierigkeit
**mittel**

QR-Code - Video

## ZUTATEN:

**Teig**
2 Knoblauchzehen
250g Milch
1 Würfel Hefe
500g Mehl
1 Ei
1 TL Kräuter der Provence
1 TL Currypulver
Prise Salz

**Füllung**
150g Käse
3 Zwiebeln
250g Schinkenwürfel
10g Öl
1 Dose Mais
1 EL Petersilie
Currypulver
Pfeffer

## ZUBEREITUNG:

**Teig**
1. Knoblauch in den Mixtopf geben und **3 Sek./Stufe 8**
2. Milch und Hefe dazugeben und **2,5 Min./37°/Stufe 2**
3. Mehl, Ei, Kräuter der Provence, Currypulver und Salz zugeben **2,5 Min./Knetstufe** - Teig umfüllen und **ca. 10 Min.** gehen lassen.

**Füllung**
4. Käse in den Mixtopf geben und **15 Sek./Stufe 6** - umfüllen.
5. Zwiebeln in den Mixtopf und **5 Sek./Stufe 5**
6. Schinkenwürfel und Öl hinzugeben und **3 Min./Varoma/Stufe 1** - abkühlen.
7. Mais, etwas Käse, Petersilie, Pfeffer und Currypulver zugeben und **1 Min./Linkslauf/Stufe 3**
8. Teig zu einem Rechteck ausrollen, Füllung darauf verteilen, von der langen Seite einrollen und in 1 cm breite Scheiben schneiden. Auf ein Backblech legen und mit Käse bestreuen.
9. Backofen auf **180°C (Ober-/Unterhitze)** vorheizen und ca. **15-20 Min.** backen.

# RADIESCHEN-DIP

Koch-/Backzeit
**20 Sekunden**

Portionen
**1 große Schale**

Schwierigkeit
**leicht**

QR-Code - Video

## ZUTATEN:

1 Bund Radieschen
3 Lauchzwiebeln
1 Becher Schmand
200g Frischkäse
1 Knoblauchzehe
1 TL Kräutersalz
Etwas Pfeffer

## ZUBEREITUNG:

1. Knoblauch in den Mixtopf geben und **3 Sek./Stufe 8**
2. Radieschen und Lauchzwiebeln zugeben und **5 Sek./Stufe 6**
3. Frischkäse, Schmand, Kräutersalz und Pfeffer zugeben und **10 Sek./Linkslauf/Stufe 3**

# ROTE-BEETE-SALAT

Koch-/Backzeit
**10 Sekunden**

Portionen
**2-4**

Schwierigkeit
**leicht**

QR-Code - Video

## ZUTATEN:

1/2 Zwiebel
200g Saure Gurken
300g Äpfel (in Stücken)
250g Rote Beete
(gekocht)
50g Wallnüsse
65g Mayonnaise
1/2 TL Salz
1/2 TL Zucker
Pfeffer

## ZUBEREITUNG:

1. Alle Zutaten in den Mixtopf geben und
   **4 Sek./Stufe 4**

**Hinweis**
Wenn es Dir zu grob ist, einfach noch einmal
2 Sek./Stufe 4

# TOMATEN-AUFSTRICH

**Koch-/Backzeit**
**25 Sekunden**

Portionen
**1 große Schale**

Schwierigkeit
**leicht**

QR-Code - Video

## ZUTATEN:

10 getrocknete Tomaten
2 Knoblauchzehen
1/2 TL Basilikum
200g Frischkäse
100g Schmand
Salz/Pfeffer

## ZUBEREITUNG:

1.  Tomaten, Basilikum und Knoblauch in den Mixtopf geben und **9 Sek./Stufe 9**
2.  Frischkäse, Schmand, Salz und Pfeffer zugeben und **15 Sek./Stufe 3**

**Hinweis**
Die Knoblauchmenge kann natürlich variiert werden.

# KUCHEN & DESSERT

# BUTTERKUCHEN

Koch-/Backzeit
**30 Minuten**

Portionen
**1 Backblech**

Schwierigkeit
**leicht**

QR-Code - Video

## ZUTATEN:

250g Milch
1 Würfel Hefe
50g Zucker
50g Öl
Prise Salz
500g Mehl

**Belag**
125g Butter
100g Zucker

## ZUBEREITUNG:

1. Milch, Hefe und Zucker in den Mixtopf geben und **2,5 Min./37°/Stufe 2**
2. Öl, Salz und Mehl zugeben und **3 Min./Knetstufe**
3. Den Teig auf ein mit Backpapier ausgelegtes Backblech ausrollen und mit einer Gabel einstechen.
4. Backofen auf **50°C** erwärmen und den Teig **ca. 25 Min.** gehen lassen.
5. Blech herausnehmen, **Backofen auf 220°C** einstellen.
6. Butter und Zucker auf den Kuchen verteilen und im vorgeheizten **Backofen ca. 10 Min.** backen.

**Tipp**
Wer es etwas süßer mag, kann einfach mehr Zucker auf die Butter streuen.

# NUTELLA®-HÖRNCHEN

**Koch-/Backzeit**
**55 Minuten**

**Portionen**
**24 Stück**

Schwierigkeit
**mittel**

QR-Code - Video

## ZUTATEN:

**Teig**
125g Milch
30g Hefe
120g Butter
100g Zucker
Prise Salz
1 Ei
1 Eiweiß
500g Mehl

Nutella
Eigelb

## ZUBEREITUNG:

1. Milch, Hefe, Butter und Zucker in den Mixtopf geben und **2,5 Min./37°/Stufe 2**
2. Salz, Ei, Eiweiß und Mehl dazugeben und **2 Min./Knetstufe**
3. Teig in eine Schüssel umfüllen und **ca. 30 Min.** gehen lassen.
4. Teig auf eine bemehlte Arbeitsfläche legen, durch zwei teilen und ausrollen.
5. Den ausgerollten Teig in Kuchenstücken schneiden und am Ende jeweils einen Klecks Nutella geben. Anschließend von außen nach innen einrollen und auf ein Backblech legen.
6. Die fertigen Hörnchen mit Eigelb bestreichen.
7. Backofen auf **200°C Ober-/Unterhitze** vorheizen und ca. **20 Min.** backen.

# RAFFAELLO®-MUFFINS

Koch-/Backzeit
**23 Minuten**

Portionen
**12 Muffins**

Schwierigkeit
**mittel**

QR-Code - Video

## ZUTATEN:

50g weiße Schokolade

80g Öl
100g Zucker
2 Eier
125g Naturjoghurt oder
mit Kokosgeschmack
125g Kokosflocken
1 Pck. Backpulver
250g Mehl

12 Raffaellos

## ZUBEREITUNG:

1. Weiße Schokolade in den Mixtopf geben und **6 Sek./Stufe 7** - umfüllen.
2. Öl, Zucker und Eier in den Mixtopf geben und **2 Min./Stufe 4**
3. Joghurt, Kokosflocken, Backpulver, Mehl und weiße Schokolade in den Mixtopf geben und **1 Min./Stufe 4-5**
4. Muffinförmchen zur Hälfte mit dem Teig befüllen und je einen Raffaello in die Mitte drücken und einen weiteren Klecks vom Teig auf den Raffaello geben.
5. Backofen auf **175°C (Ober-/Unterhitze)** vorheizen und ca. **20 Min.** backen.

www.thermotasty.de

# RAFFAELLO®-TORTE

Koch-/Backzeit
**48 Minuten**

Portionen
**26-Springform**

Schwierigkeit
**mittel**

QR-Code - Video

## ZUTATEN:

**Boden:**
300g Butterkekse
60g Kokosflocken
170g Margarine

**Creme:**
200g Sahne
1 Pck. Sahnesteif
600g Frischkäse
1 Dose Milchmädchen (400g)
1 Fl. Butter-Vanille Aroma
100g Kokosflocken
7 Raffaellos

8 Raffaellos für die Garnitur

## ZUBEREITUNG:

**Boden:**
1. Butterkekse in den Mixtopf geben und **6 Sek./Stufe 5** - umfüllen.
2. Margarine in den Mixtopf geben und **3 Min./45°/Stufe 2**
3. Butterkekse und Kokosflocken zugeben und **20 Sek./Linkslauf/Stufe 2**
4. Eine 26-Springform einfetten und die Masse auf den Boden verteilen und fest andrücken - **30 Min.** kalt stellen und Mixtopf ausspülen.

**Creme:**
5. Rühraufsatz einsetzen - Sahne sowie Sahnesteif zugeben und Mixtopf schließen. Den Gareinsatz als Spritzschutz auf den Mixtopfdeckel stellen, den Thermomix auf **Stufe 3** stellen und so lange schlagen bis die Sahne fest wird - umfüllen.
6. Raffaellos in den Mixtopf geben und **10 Sek./Stufe 4**
7. Frischkäse, Milchmädchen, Vanille und Kokosflocken zugeben und **1 Min./Stufe 3**
8. Sahne zugeben und mit dem Spatel unterheben
9. Creme auf den Boden verteilen.
10. Raffaello-Torte für **30 Min.** oder über Nacht kalt stellen.
11. Vor dem Servieren, die 8 Raffaellos auf der Torte verteilen.

# APFELTASCHEN

Koch-/Backzeit
**ca. 15 Minuten**

Portionen
**ca. 15 Stück**

Schwierigkeit
**schwer**

QR-Code - Video

## ZUTATEN:

4 große Äpfel

**Teig**
200g Quark
1 EL Milch
1 Ei
8 EL Öl
100g Zucker
1 Pck. Vanilliezucker
Prise Salz
400g Mehl
1 Pck. Backpulver

1 Eigelb zum Bestreichen

## ZUBEREITUNG:

1. Äpfel geschält und geviertelt in den Mixtopf geben und **4 Sek./Stufe 4** - umfüllen.

**Teig**
2. Alle Zutaten für den Teig in den Mixtopf geben und **30 Sek./Stufe 3**
3. Teig ausrollen, Kreise ausstechen, Apfelmasse sowie Zucker oder Zimt oder beides auf die Mitte der Kreise geben, zur Hälfte klappen und gut verschließen.
4. Apfeltaschen auf ein Backblech legen und mit Eigelb bestreichen.
5. Backofen auf **200°C (Ober-/Unterhitze)** vorheizen und **ca. 10-15 Min.** backen.

# MANDARINEN-KUCHEN

Koch-/Backzeit
**22 Minuten**

Portionen
**1 Backblech**

Schwierigkeit
**mittel**

QR-Code - Video

## ZUTATEN:

3 Dosen Mandarinen/
Orangen

**Teig**
250g Zucker
2 Pck. Vanillezucker
2 Pck. Backpulver
5 Eier
400g Schmand
400g Mehl

**Streusel**
300g Mehl
150g weiche Butter
100g Zucker
2 Pck. Vanillezucker

## ZUBEREITUNG:

1. Mandarinen/Orangen umfüllen und abtropfen.
2. Alle Zutaten für den Teig (außer das Mehl) in den Mixtopf geben und **40 Sek./Stufe 6** - alles vom Mixtopfrand schieben und noch einmal **10 Sek./Stufe 7**
3. Mehl hinzugeben und **50 Sek./Stufe 6**
4. Den Teig auf ein Backblech geben und die abgetropften Mandarinen oben darauf verteilen.
5. Alle Zutaten für die Streusel in den Mixtopf geben und **30 Sek./Stufe 8**
6. Die Streusel auf dem Kuchen verteilen.
7. Backofen auf **200°C (Ober-/Unterhitze)** vorheizen und **ca. 20 Min.** backen.

# NUTELLA®-BANANEN-BROWNIES

Koch-/Backzeit
**44 Minuten**

Portionen
**1 Backblech**

Schwierigkeit
**mittel**

QR-Code - Video

## ZUTATEN:

3 Bananen
3 Eier
300g Nutella
40g Kakao
2 TL Backpulver

## ZUBEREITUNG:

1. Alle Zutaten in den Mixtopf geben und **1 Min./Stufe 4**
2. Den Backofen auf **180°C (Ober-/Unterhitze)** vorheizen und **ca. 35 Min.** backen.

**Tipp:**
Vor dem Servieren die Brownies mit Puderzucker bestreuen.

# AVOCADO-BUTTERKEKS-KUCHEN

**Koch-/Backzeit**
2 Stunden

**Portionen**
26-Springform

**Schwierigkeit**
leicht

QR-Code - Video

## ZUTATEN:

100g Zucker
250g Butterkekse
100g Butter
300g Doppelrahm-Frischkäse
200g Sahne
1 Avocado
Saft und geriebene Schale einer Limette

## ZUBEREITUNG:

1. Zucker in den Mixtopf geben und **10 Sek./Stufe 10** - umfüllen.
2. Butterkekse in den Mixtopf geben und **6 Sek./Stufe 5** - umfüllen.
3. Butter in den Mixtopf geben und **2,5 Min./45°/ Stufe 2**
4. Butterkekse hinzufügen und **10 Sek./Stufe 4**
5. Butter-Keks-Masse auf den Boden einer eingefetteten 26-Springform drücken und **10 Min.** kalt stellen.
6. Frischkäse, Sahne, Avocado, Saft einer Limette, pulverisierten Zucker und etwas geriebene Limettenschale hinzugeben und **1 Min./Stufe 4**
7. Creme auf den Boden geben und ca. **2 Stunden** kalt stellen.

**Vor dem Servieren**
Etwas geriebene Limettenschale auf den Kuchen verteilen.

# FERRERO-ROCHER®
# TORTE

**Koch-/Backzeit**
ca. 37 Minuten

**Portionen**
26-Springform

**Schwierigkeit**
mittel

QR-Code - Video

## ZUTATEN:

**Boden**
300g Cornflakes
100g Butter
4 EL Kakao

**Creme**
200g Haselnüsse
300g Sahne
1 Pck. Sahnesteif
400g Frischkäse
1 Pck. Vanillezucker
100g Zucker

**Schokoladenguss**
200g Schokolade
3 EL Sahne
6 EL Wasser
25g Butter

## ZUBEREITUNG:

1. Cornflakes in den Mixtopf geben und **10 Sek./Stufe 6** - umfüllen.
2. Haselnüsse in den Mixtopf geben und **10 Sek./Stufe 7** - umfüllen.
3. Rühraufsatz einsetzen - Sahne, Sahnesteif in den Mixtopf geben und auf **Stufe 3** stellen - bis die Sahne steif ist - Sahne in den Kühlschrank stellen.

**Boden**
4. Butter in den Mixtopf geben und **2,5 Min./45°/Stufe 2**
5. Kakao und Cornflakes zugeben und **15 Sek./Linkslauf/ Stufe 4** - das Ganze mit dem Spatel vom Rand schieben und noch einmal wiederholen.
6. Masse auf den Boden einer gefetteten Springform drücken und **30 Min.** kalt stellen.

**Creme**
7. Haselnüsse, Frischkäse, Vanillezucker und Zucker zugeben und **20 Sek./Stufe 3** - das Ganze mit dem Spatel vom Rand schieben und **10 Sek./Stufe 3**
8. Geschlagene Sahne zugeben und mit dem Spatel unterheben.
9. Creme auf den Boden verteilen.

**Schokoladenguss**
10. Schokolade in dem Mixtopf geben und **10 Sek./Stufe 7** - mit dem Spatel herunterschieben.
11. Sahne, Wasser und Butter zugeben und **5 Min./Varoma/Rührstufe** - ohne Messbecher.
12. Schokoladenguss auf den Kuchen streichen.
13. Ferrero Rocher auf den Kuchen verteilen und kalt stellen.

**Tipp**
Du kannst statt Cornflakes auch Butterkekse nehmen.

# PFIRSICHKUCHEN

Koch-/Backzeit
**24 Stunden**

Portionen
**26-Springform**

Schwierigkeit
**schwer**

QR-Code - Video

## ZUTATEN:

**Boden:**
200g Sahne
220g Zucker
4 Eier
1 Pck. Backpulver
210g Mehl

**Creme:**
600g Sahne
1 Pck. Sahnesteif
300g Frischkäse
150g Zucker
1 Pck. Vanillezucker

1 Dose Pfirsiche

**Glasur:**
500ml Multivitaminsaft
3 Pck. Dessert-Soße
(Vanille)

## ZUBEREITUNG:

**Boden**
1. Sahne, Zucker und Eier in den Mixtopf geben und **30 Sek./Stufe 5**
2. Mehl und Backpulver zugeben und **30 Sek./Stufe 5**
3. Den Teig auf ein Backblech geben, im vorgeheizten Backofen bei **180°C (Ober-/Unterhitze) ca. 20 Min.** backen - abkühlen lassen

**Creme:**
4. Rühraufsatz einsetzen - Sahne sowie Sahnesteif zugeben und Mixtopf schließen. Den Gareinsatz als Spritzschutz auf den Mixtopfdeckel stellen, den Thermomix auf **Stufe 3** stellen und so lange schlagen bis die Sahne fest wird - umfüllen.
5. Zucker, Vanillezucker und Frischkäse in den Mixtopf geben und **30 Sek./Stufe 5**
6. Sahne zugeben und mit dem Spatel unterheben.
7. Creme auf den abgekühlten Boden verteilen - Mixtopf ausspülen.
8. Pfirsiche in Scheiben schneiden und auf der Creme verteilen.

**Glasur:**
9. Multivitaminsaft und Dessert-Soße in den Mixtopf geben und **7 Min./100°C/Stufe 3**
10. Die Glasur bei **Stufe 3** - ohne Messbecher - auf 40°C abkühlen und anschließend auf den Kuchen bzw. Pfirsichen verteilen.

# EISKAFFEE-TORTE

**Koch-/Backzeit**
31 Minuten

**Portionen**
26-Springform

**Schwierigkeit**
leicht

QR-Code - Video

## ZUTATEN:

**Teig**
50g Schokolade
150g Nüsse
150g Zucker
4 Eier
50g Mehl
1/2 Pck. Backpulver

**Belag**
500g Sahne
2 Pck. Sahnesteif
2 Pck. Vanillezucker
8 TL Eiskaffee

## ZUBEREITUNG:

1. Schokolade in den Mixtopf geben und **4 Sek./Stufe 7** – umfüllen.
2. Nüsse in den Mixtopf geben und **10 Sek./Stufe 7**
3. Restliche Zutaten für den Teig dazugeben und **40 Sek./Stufe 5**
4. Teig in die Springform (vorher einfetten) geben und bei **180°C (Ober-/Unterhitze) ca. 30 Min.** (vorgeheizt) backen.
5. Torte abkühlen lassen und die oberste Schicht abschneiden und für die Krümel zur Seite stellen.
6. Sahne, Sahnesteif und Vanillezucker sowie den Rühraufsatz in den Mixtopf geben und ohne Messbecher auf **Stufe 3** stellen. Bis die Sahne fest wird, dauert es **ca. 2 Min.** (bitte durch die Deckelöffnung immer wieder prüfen).
7. Eiskaffee zugeben und **8 Sek./Stufe 2**
8. Creme auf den Boden geben – Mixtopf spülen und trocknen.
9. Die abgeschnittene oberste Schicht für die Krümmel in den Mixtopf geben **5 Sek./Stufe 5** und auf die Creme streuen und verteilen.

# KÄSEKUCHEN

Koch-/Backzeit
**62 Minuten**

Portionen
**26-Springform**

Schwierigkeit
**mittel**

QR-Code - Video

## ZUTATEN:

**Boden:**
210g Mehl
80g Zucker
1 Pck. Vanillezucker
135g Margarine
1 Ei

**Creme:**
250g Mascarpone
180g Zucker
1 Pck. Vanillezucker
1 Pck. Zitronenschale
1 Pck. Vanillepudding
750g Magerquark
3 Eier

1 Pck. Zitronenschale

## ZUBEREITUNG:

**Boden:**
1. Alle Zutaten für den Boden in den Mixtopf geben und **2,5 Min./Knetstufe**
2. Den Teig in eine leicht bemehlte Schüssel geben und für ca. **35 Min**. kalt stellen.
3. Eine 26-Springform einfetten, den Teig in der Springform ausrollen und mit einer Gabel einstechen.

**Creme:**
4. Alle Zutaten für die Creme in den Mixtopf geben und **60 Sek./Stufe 6 - nach 10 Sek. auf Stufe 4** stellen.
5. Die Creme auf den Boden verteilen.
6. Den Backofen auf **180°C (Ober-/Unterhitze)** vorheizen und **ca. 55 Min.** backen.
7. Vor dem Servieren den Kuchen mit Zitronenschale bestreuen.

# FRUCHT-COOKIES-DESSERT

Koch-/Backzeit
**5 Minuten**

Portionen
**ca. 12 Gläser**

Schwierigkeit
**leicht**

QR-Code - Video

## ZUTATEN:

1000g Trauben, kernlos
2 Pck. Schokocookies

**Quarkmasse**
250g Quark
200g Schlagsahne
250g Mascarpone
100g Zucker

## ZUBEREITUNG:

1. Trauben waschen und abtropfen lassen.
2. Cookies in den Mixtopf geben und **5 Sek./Stufe 5** zerkleinern und umfüllen.

**Quarkmasse**
3. Rühraufsatz einsetzen und Schlagsahne auf **Stufe 3** so lange schlagen, bis sie steif wird (TIPP: Gareinsatz als Spritzschutz auf den Mixtopfdeckel aufsetzen). Rühraufsatz entfernen. Die restlichen Zutaten hinzufügen und auf **Stufe 4-5** zu einer cremigen Masse verrühren.
4. Schichten: 1. Trauben 2. Quarkmasse 3. Cookies - einmal wiederholen. An einen kühlen Ort stellen oder gleich servieren.

**Tipp**
Vor dem Sahneschlagen Mixtopf von außen kalt abspülen und die Schlagsahne vorher im Kühlschrank kaltstellen.

# BUTTERKEKS-KIRSCH-TORTE

**Koch-/Backzeit**
**ca. 2 Stunden**

**Portionen**
**26-Springform**

**Schwierigkeit**
**mittel**

QR-Code - Video

## ZUTATEN:

### Boden
40 Butterkekse
125g Margarine

### Creme
200g Doppelrahm-Frischkäse
150g Zucker (Puderzucker)
2 EL Milch
100g Haselnüsse
250g Schlagsahne
1 Pck. Sahnesteif
1 Pck. Vanillezucker

### Guss
1 Glas abgetropfter Sauerkirschen
500g abgetropften Sauerkirschsaft
2 Pck. Tortenguss rot
40g Zucker

## ZUBEREITUNG:

1. Zucker für die Creme in den Mixtopf geben und **10 Sek./Stufe 10** - umfüllen.
2. Haselnüsse in den Mixtopf geben und **4 Sek./Stufe 6** - umfüllen.
3. Butterkekse in den Mixtopf geben und **2 Sek./Stufe 5** - umfüllen.

### Boden
4. Margarine in den Mixtopf geben und **3 Min./45°/Stufe 2**
5. Butterkekse zugeben und **10 Sek./Linkslauf/Stufe 2**
6. Masse auf den Boden einer gefetteten 26-Springform drücken - kalt stellen.

### Creme
7. Doppelrahm-Frischkäse, erstellten Puderzucker und Milch in den Mixtopf geben und **15 Sek./Stufe 3** verrühren und auf dem Boden verteilen.
8. Haselnüsse auf der Creme verteilen.
9. Rühraufsatz einsetzen - Sahne, Sahnesteif und Vanillezucker in den Mixtopf geben und auf **Stufe 3** stellen - Wichtig: Sichtkontakt und ohne Messbecher, bis die Sahne steif ist - Creme auf den Nüssen verteilen und ca. **2 Stunden** kalt stellen.

### Guss
10. Kirschsaft auffangen und die Kirschen auf der Creme verteilen.
11. Roten Tortenguss, Zucker und Kirschsaft in den Mixtopf geben und ca. **7 Min./100°/Stufe 3** aufkochen - anschließend über die Kirschen geben.
12. Torte über Nacht kalt stellen.

# MANGO-ERDBEER-EIS

**Koch-/Backzeit**
**3-4 Stunden**

**Portionen**
**6 Portionen**

**Schwierigkeit**
**leicht**

QR-Code - Video

## ZUTATEN:

250g Mango
200g Orangensaft
1/2 Limette (Saft)

200g Erdbeeren
200g Orangensaft
1/2 Limette (Saft)

## ZUBEREITUNG:

1. Mango, Orangensaft und Saft einer halben Limette in den Mixtopf geben und **10 Sek./ Stufe 7**
2. Eisformen zur Hälfte mit Mango/Orangen/ Limetten-Masse befüllen.
3. Erdbeeren, Orangensaft und Saft einer halben Limette in den Mixtopf geben und **10 Sek./Stufe 7**
4. Die Eisformen mit Erdbeer/Orangen/Limetten-Masse komplett befüllen.
5. Für ca. **3-4 Std.** einfrieren.

**Tipp**
Wenn Du es noch süßer magst, kannst Du einfach zu den Zutaten noch Zucker hinzugeben. Sollte es Dir noch zu stückig sein, einfach länger pürieren und auf Stufe 8 erhöhen.

# NUTELLA®-EIS

Koch-/Backzeit
**3-4 Stunden**

Portionen
**6 Portionen**

Schwierigkeit
**leicht**

QR-Code - Video

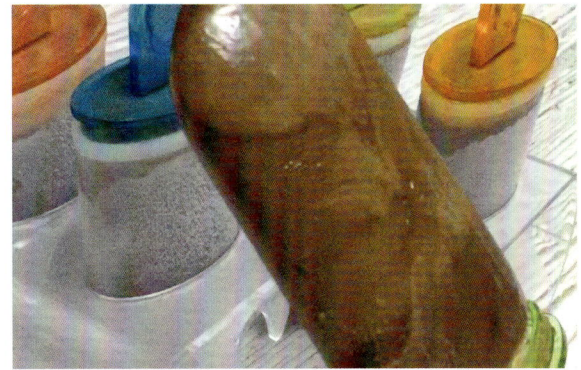

## ZUTATEN:

500g Milch
200g Nutella
2 EL Kakao

## ZUBEREITUNG:

1. Milch in den Mixtopf geben und
   **5 Min./40°/Stufe 1**
2. Nutella und Kakao hinzugeben und
   **3 Min./40°/Stufe 1,5**
3. Die Masse in Eisformen geben und 3-4 Stunden einfrieren.

**Tipp**
Wenn Du es noch süßer magst, kannst Du einfach den Nutella-Anteil erhöhen.

# GETRÄNKE

———

# TROPICAL FEELING COCKTAIL

Koch-/Backzeit
**1 Minute**

Portionen
**ca. 2 Gläser**

Schwierigkeit
**leicht**

QR-Code - Video

## ZUTATEN:

250g Joghurt
150g Ananassaft
40g Kokossirup
40g Kokoslikör
1 EL Kokosflocken

## ZUBEREITUNG:

1. Alle Zutaten in den Mixtopf geben und
   **1 Min./Stufe 4**

**Tipp**
Du kannst auch mehr Kokosflocken zugeben.

www.thermotasty.de

# WEISSER SCHOKOLADEN LIKÖR

Koch-/Backzeit
**10 Minuten**

Portionen
**2 Flaschen**

Schwierigkeit
**mittel**

QR-Code - Video

## ZUTATEN:

170g weiße Schokolade
50g Zucker
200g Sahne
200g Milch
100g Saft einer Orange
Mark einer Vanilleschote
200g Vodka

## ZUBEREITUNG:

1. Weiße Schokolade und Zucker in den Mixtopf geben und **10 Sek./Stufe 10**
2. Sahne, Milch und Saft dazugeben und **9 Min./80°/Stufe 2**
3. Mark einer Vanilleschote hinzugeben und **15 Sek./Stufe 8**
4. Vodka hinzufügen und **15 Sek./Stufe 8**

# PINA COLADA

Koch-/Backzeit
**2,5 Stunden**

Portionen
**5 Gläser**

Schwierigkeit
**leicht**

QR-Code - Video

## ZUTATEN:

1 Dose Ananasstücke (560g)
500g Orangensaft
150g Batida de Coco

## ZUBEREITUNG:

1. Kompletten Inhalt der Ananasdose in einen Gefrierbeutel geben und einfrieren.
2. Den gefrorenen Inhalt in den Mixtopf geben und **2 Min./Stufe 10**
3. Orangensaft und Batida de Coco zugeben und **30 Sek/Stufe 8**
4. In Gläser umfüllen und sofort servieren.

# TOFFIFEE®-LIKÖR

Koch-/Backzeit
**10 Minuten**

Portionen
**1 Flasche**

Schwierigkeit
**leicht**

QR-Code - Video

## ZUTATEN:

15 Stück Toffifee
100g Zucker
400g Milch
1 Ei
200g Vodka

## ZUBEREITUNG:

1. Toffifee in den Mixtopf geben und **7 Sek./Stufe 9**
2. Zucker, Milch und Ei zugeben und **5 Min./90°/Stufe 3**
3. Vodka zugeben und **4 Min./90°/Stufe 3** (mit Messbecher).
4. In eine Flasche umfüllen und abkühlen lassen.

# OREO®-LIKÖR

Koch-/Backzeit
**7 Minuten**

Portionen
**1 Flasche**

Schwierigkeit
**leicht**

QR-Code - Video

## ZUTATEN:

12 Oreo-Kekse
1 EL Zucker
2 EL Wasser
400g Milch
150g Vodka

## ZUBEREITUNG:

1. Oreo-Kekse in den Mixtopf geben und **10 Sek./Stufe 10**
2. Zucker, Wasser und Milch zugeben und **6 Min./80°/Stufe 3**
3. Vodka hinzufügen und **15 Sek./Stufe 8**

# MANGO-BANANEN-SMOOTHIE

Koch-/Backzeit
**2 Minuten**

Portionen
**2 Gläser**

Schwierigkeit
**leicht**

QR-Code - Video

## ZUTATEN:

1 Mango
1 Banane
300g Orangensaft
100g Eiswürfel

## ZUBEREITUNG:

1. Alle Zutaten in den Mixtopf geben und **1,5 Min./Stufe 10**

# NOTIZEN

# NOTIZEN

# Wichtige Links

**www.thermotasty.de/qr-apps**
Hier findest Du die passende QR-App für Dein Smartphone. Einfach Dein System
auswählen und eines von den Programmen installieren.

**www.thermotasty.de/empfehlung**
Ich benutze in den Videos immer wieder verschiedene Kochutensilien, hier findest
Du die Wichtigsten, die ich neben dem Thermomix® benutze.

**www.thermotasty.de/fb-club**
Tritt unter dem Link zur meiner internen Facebook Gruppe bei und werde ein Teil von
dem Alltagsrezepte-Club, um sich mit anderen über die Rezepte auszutauschen.

**www.thermomix.de/rezeptbuch**
Mein erstes E-Book mit 22 kostenlosen Rezepten. Ein Teil davon sind auch in
diesem Buch vertreten. Außerdem bist Du dann im Newsletter und bekommst
wöchentlich Updates über ThermoTasty (Austragen jeder Zeit möglich).

**www.33lieblingsrezepte.de**
Falls Du ein Teil von den Rezepten auch digital und interaktiv haben möchtest, kannst
Du unter dem Link meine ausgewählten Lieblingsrezepte als E-Book herunterladen.

**www.thermotasty.de/partner**
Wenn Du selber Blogger oder Youtuber bist, dann kannst Du sogar mein E-Book
bewerben und bekommst von dem Verkaufspreis 20% Provision.

ThermoTasty steht in keinerlei
Verbindung zu den Unternehmen der
Vorwerk-Gruppe.

Die Marken "Thermomix®" und die
Produktgestaltungen des "Thermomix®" sind
eingetragene Marken der Unternehmen der
Vorwerk-Gruppe.

# IMPRESSUM

### Herausgeber & Copyright

ThermoTasty - Leicht & Lecker
Helena Schwabenland,
Baumschulenweg 20, 29614 Soltau

www.thermotasty.de/impressum
www.thermotasty.de/datenschutz

ALLTAGSREZEPTE FÜR JEDEN TAG
Ausgewählte Lieblingsrezepte
für den Thermomix®

Auflage 2. - 2017

### Kontakt

www.thermotasty.de/kontakt
hello@thermotasty.de

### Layout & Design

www.heide-design.de
hello@heide-design.de

### Fotonachweise:

www.livingbbq.de, www.gutekueche.at,
www.healthyongreen.de, www.kochkino.de,
www.kochbar.de, www.backfreaks.de,
Bines Thermi-Welt, www.caramelja.blogspot.com,
www.chefkoch.de, www.mamas-rezepte.de,
www.kreativfieber.de, www.studentenfutter-blog.de,
www.freshideen.com, www.fotolia.de